MW01710792

Freiheit '90

Osteuropa im Aufbruch

Eine Bilddokumentation

Zusammengestellt von
Bernhard Michalowski, Christine Proske und Günther Fetzer

Originalausgabe

WILHELM HEYNE VERLAG
MÜNCHEN

HEYNE SACHBUCH
Nr. 19/119

BILDNACHWEIS:

Deutsche Presse-Agentur, Frankfurt (80)
Jürgens Ost und Europa-Photo, Köln (3)
Siepa/MTI, Paris (1)

Copyright © 1990 by Wilhelm Heyne Verlag GmbH & Co. KG, München
Copyright © 1990 des Vorwortes by Theo Sommer
Das Vorwort von Theo Sommer erschien erstmals in der ZEIT
vom 29. Dezember 1989.
Printed in Germany 1990
Umschlaggestaltung: Atelier Adolf Bachmann, Reischach
Herstellung: Dieter Lidl
Satz: Satz & Repro Grieb, München
Druck und Verarbeitung: RMO, München

ISBN 3-453-04353-7

Inhalt

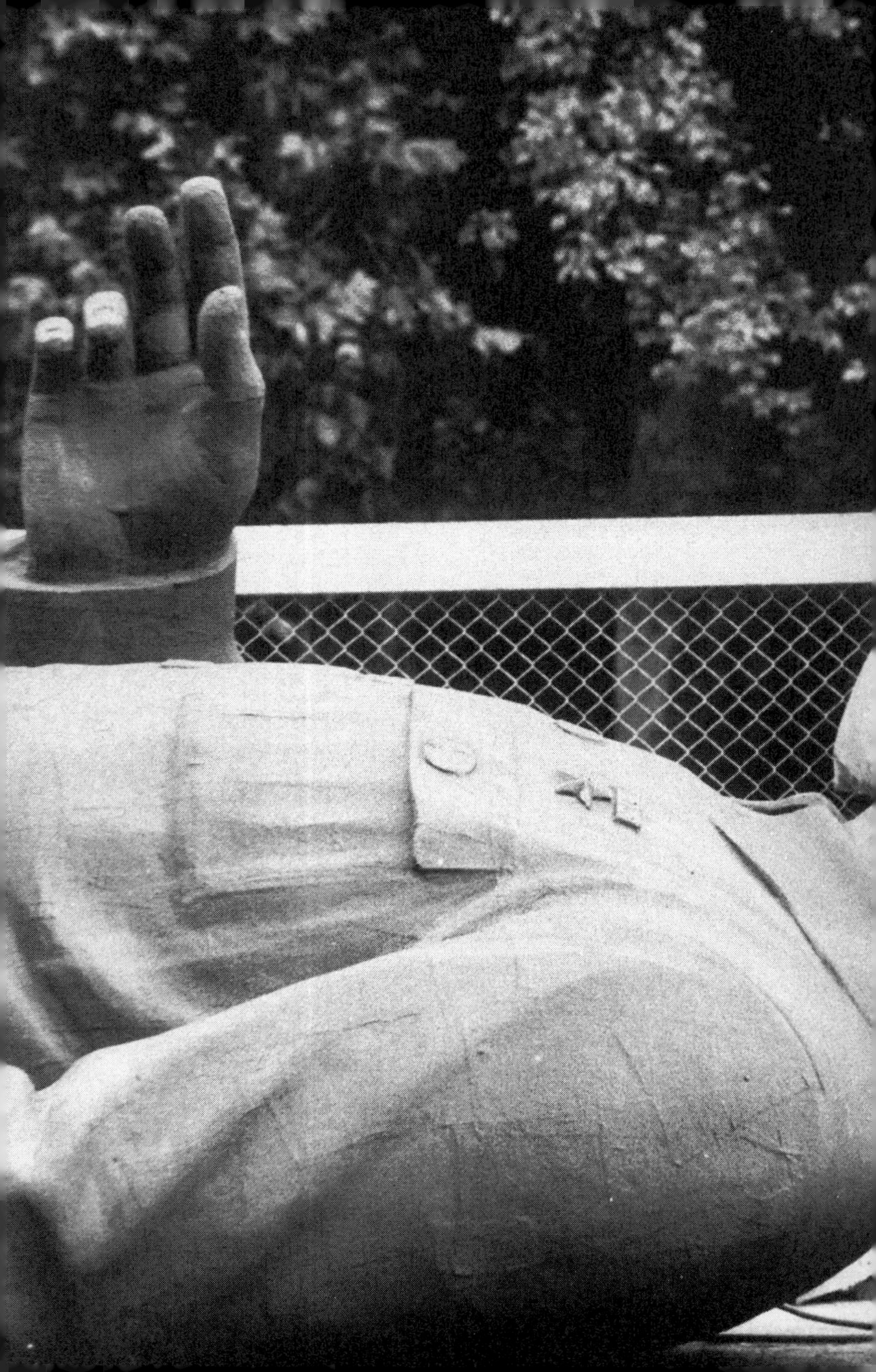

SOLON

THEO SOMMER

Nach der langen Nacht der Barbarei

Osteuropa sprengt seine Fesseln

Es wechseln die Zeiten. Die riesigen Pläne
Der Mächtigen kommen am Ende zu Halt.
Und gehen sie einher auch wie blutige Hähne
Es wechseln die Zeiten, da hilft kein' Gewalt.

BERTOLT BRECHT

Freiheit, Gleichheit, Brüderlichkeit – 200 Jahre nach der Französischen Revolution haben deren aufrüttelnde Parolen nichts von ihrer geschichtsmächtigen Wucht verloren. Während Westeuropa Jubiläum feierte, sprengte Osteuropa seine Fesseln. Die Wirklichkeit übertrumpfte die Vorstellung. So wurde 1989 zu einem Jahr der Umwälzung, das in einer Reihe steht mit 1789, 1848 und 1918: ein Scharnier- und Schicksalsjahr.

In einem Lande nach dem anderen erhob sich das Volk gegen seine Bedrücker. Der Aufstand begann in Polen, wo die Kommunisten im Juni bei der ersten halbfreien Wahl eine vernichtende Niederlage einstecken und die Macht mit der sieben Jahre lang verfemten Solidarność teilen mußten. Er setzte sich fort in Ungarn, dessen führende Partei sich unter dem Druck der Reformer auflöste und ein Mehrparteiensystem samt Marktwirtschaft ansteuerte. Dann sprang der Funke in die DDR über: Die Vierzigjahrfeier des SED-Staates am 7. Oktober war schon mehr ein Requiem als ein Jubelakt; der Ruf »Wir sind das Volk« fegte erst Erich Honecker und seine Mafia hinweg, bald auch den kraftlosen Nachfolger.

Und nun war kein Halten mehr. Die Bulgaren schüttelten die Herrschaft Todor Schiwkoffs ab. Tschechen und Slowaken erhoben sich gegen Jakeš und Husák – Alexander Dubček, der Mann des Prager Frühlings, und Václav Havel, seit langen Jahren das Gewissen und die Stimme des tschechoslowakischen Widerstandes, führten das Land der neuen Freiheit entgegen. Schließlich stand auch das geschundene Rumänien auf. Sein größenwahnsinniger Diktator Ceaușescu versuchte, die Erhebung in Blut zu ersticken; die Greuel von Temesvar übertrafen noch das Grauen auf dem Tiananmen-Platz. Es half dem Conducator nichts – er wurde hingerichtet. Die Rumänen, so tapfer wie verzweifelt, zogen ein Ende mit Schrecken dem Schrecken ohne Ende vor.

Viele Rinnsale vereinigten sich zu dem mächtigen Strom, der am Ende überall die Tyrannis aus ihren Verankerungen riß. Das Ergebnis: Von Brest bis Brest-Litowsk herrscht zu Beginn des Neunziger-Jahrzehnts Freiheit, hat die Kommunistische Partei ihre führende Rolle aufgeben müssen, haben die Völker das Sagen.

Jedermann will frei sein, und
jedermann will essen.

ALEXIS DE TOCQUEVILLE

Warum der plötzliche Ausbruch? Warum gerade jetzt? Oder: jetzt erst?

Auch hier floß vieles zusammen. Die Verschlechterung der Lebensbedingungen und damit der Lebenschancen. Die Unmöglichkeit, in der Wahrheit zu leben. Die ewige Gängelung, Bevormundung, Schurigelei. Die Freiheit – auch die Freiheit zu Wohlstand und materiellem Lebensglück – läßt sich den Menschen nicht ewig abschnüren. Es kommt der Punkt, an dem sich ihre Hoffnungslosigkeit zur Verzweiflung verdichtet, zum Mut der Verzweiflung auch; dann schaffen sie sich im Aufbegehren Luft. Die Kraft dazu strömt aus der schmerzlichen Einsicht in all die verlorenen Jahre: 33 in Ungarn seit dem Novemberaufstand; 28 in der DDR seit dem Bau der Mauer; 20 in der Tschechoslowakei seit der Niederschlagung des Prager Frühlings; sieben in Polen von der Ausrufung des Kriegsrechts bis zur Anberaumung des Runden Tisches. Urplötzlich entdeckten die Machtlosen ihre Macht. Die Massen begaben sich auf die Suche nach der verlorenen Zeit.

Am Anfang waren freilich nicht die Massen, sondern allenfalls einzelne Lautere, Aufrechte, Tapfere. Lech Walesa, Václav Havel, Mircea Dinescu, Bärbel Bohley; Priester und Pfarrer; Anwälte und Künstler und in sich gegangene Parteileute – ihre Namen füllen eine lange Ehrenliste. Sie hielten die Maßstäbe blank; sie brachten die Vorwürfe gegen die diktatorische Obrigkeit auf den Begriff; sie boten den Massen einen Kristallisationskern.

Andere, im Innern der Machtapparate, trugen ihr Teil dazu bei, daß die Wendemanöver gelingen konnten: die von Hans Magnus Enzensberger besungenen Helden des Rückzugs, des Verzichts, der Demontage. General Jaruzelski gehört dazu, der 1981 das Kriegsrecht verhängte und 1989 die Macht mit jenen teilte, gegen die es gerichtet war.

Auch Egon Krenz, eine schwache Übergangsfigur, die gleichwohl den Übergang überhaupt erst ermöglichte:

Krenz bot Honecker im Politbüro die Stirn, bis er eine Mehrheit gegen ihn mobilisiert hatte, und ließ dann, wohl die Tragweite nur unzulänglich erkennend, die Mauer durchbrechen. Es wird ihm in den Geschichtsbüchern nur für eine Fußnote reichen; doch gäbe es das nachfolgende Kapitel ohne diese Fußnote nicht.

Es sollten auch all jene unbekannten Beweger nicht übersehen werden, die mit Einzelentscheidungen den Lauf der Dinge auf ein neues Geleise schoben. In Ungarn die Leute, denen es zuzuschreiben ist, daß Budapest am 19. März der UN-Flüchtlingskonvention beitrat, am 2. Mai mit dem Abbau des Eisernen Vorhangs begann und vom 10. September an den DDR-Bürger freie Ausreise über Österreich in die Bundesrepublik gewährte. In der Tschechoslowakei jene, die im November dem SED-Regime bedeuteten, daß es gefälligst seine eigenen Grenzen nach Westen öffnen solle, anstatt den unaufhaltsamen Flüchtlingsstrom über Prag zu lenken. In der DDR aber die großen und kleinen Funktionäre, die dem Geschehen seinen Gang ließen, als der Besucherschwall nach der Öffnung der Mauer alle bürokratischen Hürden und Hemmnisse beiseite spülte.

Dadurch erst wurden ja die Umwälzungen in den ehemaligen Ostblockländern zur wahrhaft europäischen Revolution: daß die Berliner Mauer und die deutsch-deutsche Zonengrenze mit einem Schlage ihre Bedeutung verloren. Dies signalisierte das Ende des Systems von Jalta und den Beginn der Nach-Nachkriegszeit. Der kommunistische Firnis ist rissig, stumpf und abgegriffen; die stalinistischen Grenzwälle werden geschleift. Nun kann Europa wieder zusammenwachsen.

Große Männer schaffen ihre Zeiten nicht,
aber sie werden auch nicht von ihnen geschaffen. Es sind originale
Geister, die in den Kampf der Ideen selbständig eingreifen,
die mächtigsten derselben, auf denen die Zukunft beruht,
zusammenfassen, sie fördern und durch sie gefördert werden.

LEOPOLD VON RANKE

Es leidet keinen Zweifel: Die langen Jahre der Konfrontation und der Stagnation in Europa wären noch nicht vorüber, gäbe es nicht Michail Gorbatschow. Weder die Massenaufmärsche noch die Manöver der kleinen Räte hätten viel gefruchtet, hätte nicht er die Entwicklung erst angestoßen und dann laufen lassen. Er war der große Beweger der achtziger Jahre.

Mag sein, daß er nicht von Anfang an gewollt hat, wozu es jetzt gekommen ist. Es gibt Äußerungen aus Gorbatschows ersten Kreml-Jahren, in denen er noch ganz auf den Zusammenhalt des Blocks, die sozialistische Vergatterung seiner Mitglieder und die führende Rolle der kommunistischen Parteien setzte. Aber davon ist er Stück um Stück abgerückt. Aus dem Imperium ist längst eine Liga geworden. Aus der Breschnjew-Doktrin, die eine Rechtfertigung sowjetischen Eingreifens gegen jegliche Abweichung enthielt, wurde die »Sinatra-Doktrin«, wonach die osteuropäischen Länder ganz ihrem eigenen Gusto leben dürfen. Ihre politische Innenausstattung interessiert die Sowjets nicht mehr, solange sie nicht gegen russische Sicherheitsinteressen verstoßen.

Die Sache hat eine ironische Pointe. Vor noch nicht allzulanger Zeit war der Erneuerer Gorbatschow, der Erfinder von Glasnost und Perestrojka, dem übrigen Osteuropa in seinem Reformwillen um Längen voraus. In Polen und Ungarn kamen die Reformatoren nur zäh voran; überall sonst herrschte finstere Orthodoxie. Mittlerweile hat sich das Bild völlig verändert. Anfang 1990 sind alle Osteuropäer auf dem Weg der politischen Reform weiter in Richtung Mehrparteiensystem und freie Wahlen vorangeschritten als der Große Bruder; und mindestens in der theoretischen Zielsetzung übertreffen ihre ökonomischen Pläne, ihre Vorstellungen von Markt und Wettbewerb alles an Kühnheit, was Gorbatschow sich bisher vorgenommen hat.

In dieser Ungleichzeitigkeit der Entwicklung lauern Gefahren, stecken aber auch Chancen. Gefahren: vor allem die Gefahr, daß die rechten Gegner der Perestrojka, die der alten Gleichschaltung im Block nachtrauern und wegen der Auflockerung nicht nur militärische Risiken befürchten, sondern auch eine Auflösung des russischen Reiches, dem Reformer Gorbatschow in den Arm fallen. Chancen: zumal die Chance, daß der Schwung der osteuropäischen Umgestalter auch seiner eigenen Umgestaltung neuen Antrieb schafft.

Gorbatschow hat den Fortgang der Reformen in Osteuropa nicht verhindert, obwohl er es gekonnt hätte. Deshalb muß der Westen ein Interesse daran haben, daß er im Amte bleibt – und daß ihm sein Vorhaben gelingt. Dreierlei hat er in die sowjetische Politik gebracht: seine pragmatische Absage an die aggressive marxistisch-leninistische Ideologie; die Öffnung Rußlands nach innen zur Vielfalt, nach außen zur Welt; ein energisches Streben nach Abrüstung. Ohne diese drei Elemente kann die Entspannung in Europa nicht Bestand erlangen, können die Reformen zwischen Elbe und Bug nicht zu einem guten Ende kommen, werden sich auch die deutschen Dinge nicht in einer neuen Weise ordnen lassen, die zugleich den Deutschen zumutbar und ihren Nachbarn erträglich erscheint. Wer will, daß Gorbatschow Erfolg hat, muß also auch in seine Reformen investieren, anstatt bloß passiv deren glücklichen oder unglücklichen Ausgang abzuwarten.

In Europa geschieht immer wieder etwas Unerwartetes, das die bestehenden Verhältnisse wandelt, die Kugeln des Spiels wieder ins Rollen bringt. Man kann es sich nicht vorstellen, solange es nicht da ist, so wie man bei schlechtem Wetter nicht an gutes glaubt; aber Verlaß ist darauf.

GOLO MANN

Von den europäischen Revolutionären des Jahres 1848 ist gesagt worden, sie hätten ihre Errungenschaften einem momentanen Nervenzusammenbruch der Herrschenden zu verdanken gehabt, nicht deren entscheidender Niederlage. In der Tat siegte die Reaktion binnen kürzester Zeit so gut wie überall; in Ungarn waren es die Heere des Zaren, die den Vollzug der Konterrevolution in die Hand nahmen. Ist Ähnliches auch nach der Revolution des Jahres 1989 zu erwarten?

Der rumänische Diktator hat versucht, den Aufstand der Massen nach chinesischem Muster niederzukartätschen; vergebens. Auch Erich Honecker wäre wohl nicht zimperlich gewesen, hätten sich nicht beherzte Männer innerhalb und außerhalb des Apparates ihm in den Weg geworfen – ermuntert übrigens und gestärkt durch die Russen. Gorbatschow ist kein Breschnjew und kein Nikolaus I.

Die Russen kommen nicht mehr – das ist der eine Unterschied zwischen 1848/49 und 1989/90. Der andere: Diesmal haben sich die Völker ihren Sieg ernsthaft erkämpft – einen Sieg der Millionen, nicht bloß kleiner Trupps von Verwegenen. Wer diesen Sieg anfechten wollte, riskierte selber Kopf und Kragen. Sogar ein Moskauer Metternich müßte wissen, daß er den eigenen Vielvölkerstaat in die Luft sprengte, wenn er die Selbstbefreiung Osteuropas rückgängig zu machen versuchte.

Übriggeblieben ist überall, wo bisher Hammer und Sichel regierten, eine ausgebrannte Utopie. Das Gespenst des Kommunismus, Überbleibsel der Revolution von 1848, schreckt niemanden mehr. Wohl gibt es, zumal unter den Intellektuellen, eine tiefe Sehnsucht nach dem »dritten Weg« zwischen Kapitalismus und Sozialismus; sie ist bei Václav Havel so stark und bestimmend wie bei den Programmatikern des Neuen Forums. Aber eine wirklichkeitsnahe Trassierung dieses dritten Weges hat noch keiner der Umdenker vorgeschlagen. Und die Völker verspüren sowieso nicht viel Neigung, noch einmal einem Sozialismus als Versuchskaninchen zu dienen, und sei es auch einem geläuterten Sozialismus. Die Mehrheit der Menschen, in der DDR zumindest, zieht einen »Kapitalismus mit menschlichem Antlitz« jedem »Sozialismus mit menschlichem Antlitz« vor.

Übriggeblieben ist ferner, nach all den Jahren des Wahns hinter dem Eisernen Vorhang, eine tiefe Sehnsucht nach Europa. Die Alte Welt will wieder zusammenrücken. Noch ist ganz offen, in welcher institutionellen Ausprägung dies am Ende geschehen kann. Soll sich einfach die Europäische Gemeinschaft, die ja eine west- und südeuropäische Gemeinschaft ist, stufenweise nach Osten hin erweitern? Könnte ein reformierter Rat für gegenseitige Wirtschaftshilfe der Partner der Brüsseler Zwölf werden? Oder steuern wir auf ein Europa zu, das dreigeteilt ist wie einst Cäsars Gallien, in die westliche EG, eine neutrale Efta, ein östliches Comecon, alle überwölbt von dem Dach des Helsinki-Prozesses, der auch die Flügelmächte Amerika und Rußland einbezieht?

Die Antwort auf diese Fragen wird nur allmählich reifen. Daß sie reifen kann, erfordert freilich, daß die Deutschen darauf verzichten, ihre eigene nationale Frage in den Vordergrund zu schieben. Einigen müssen sie sich jetzt nicht vereinigen. Ihre Einigung ist die Voraussetzung dafür, daß Europa zusammenwachsen kann. Ihre Vereinigung wäre auf absehbare Zeit ein Störfaktor. Bundeskanzler Kohl hat dies erkannt und handelt danach. Es ist ihm zu bescheinigen, daß er der ersten wirklichen Herausforderung seiner siebenjährigen Amtszeit, die nicht nur Wendigkeit oder Aussitzen verlangte, als Staatsmann entgegentrat.

Nötig ist indessen auch, daß die Supermächte in dem Prozeß der Annäherung mithalten, der sich beiderseits der bisherigen europäischen Wasserscheide rapide entfaltet. Sie gehören dazu; Groß-Europa reicht von San Francisco bis Wladiwostok. Aber nun, da die

Mauern und Zäune fallen, wird ihre politische Präsenz bedeutsamer als ihre militärische; ihr Wille zur Kooperation wichtiger als die Bereitschaft zur Konfrontation; ihr Beitrag zur Entmilitarisierung und Abrüstung des Ost-West-Verhältnisses wesentlicher als ihr Tribut an die Feindbilder und worst case-Drehbücher von gestern.

Die Geschichte ist die Wissenschaft davon,
was nicht zweimal passiert.

PAUL VALÉRY

Im Jahre 1989 hat sich die Weltgeschichte in den Angeln gedreht, angetrieben von den Menschen mehr als von den Mächten. Wer zurückblickt auf die vergangenen vierzig Jahre, muß erschrecken ob der vielen ungenutzten Gelegenheiten, der verpaßten Chancen, der verlorenen Hoffnungen. Jetzt ist den Völkern des Nordens ein neuer Anfang vergönnt. Sie haben die Möglichkeit, den 75jährigen europäischen Bürgerkrieg, die Nacht der europäischen Barbarei zu beenden und dann auch den Menschen im Armutsgürtel unserer Erde Mut zur Zukunft zu machen.

Die achtziger Jahre begannen in Düsternis: mit Afghanistan, polnischem Kriegsrecht, Nachrüstung und Aufrüstung. Der europäische Friede erschien als Geisel abgelegener Konflikte. Zehn Jahre später ist der Horizont so hell wie noch nie in unserem Jahrhundert. Europa hört auf, Glacis und potentielles Schlachtfeld zu sein. Die Zukunft hat ein neues Muster.

Die Völker haben 1989 die Signale gegeben. Es waren die alten Trompetenstöße der Französischen Revolution: Freiheit, Gleichheit, Brüderlichkeit. Die Staatsmänner müssen nun auf sie hören.

Sowjetunion

Bricht der Vielvölkerstaat auseinander?

11. März 1985
Nach dem Tode von Konstantin Tschernjenko wird Michail Gorbatschow Generalsekretär der KPdSU.

21. September 1988
Über die transkaukasische Region Berg-Karabach in der Republik Aserbeidschan wir der Ausnahmezustand verhängt. Die blutigen Auseinandersetzungen finden aber kein Ende.

12. November 1988
Hunderttausend Georgier demonstrieren in Tiflis für eine Beendigung der »Russifizierung« und ein »unabhängiges Georgien«.

23. Januar 1989
Erste Berichte über Amtsmißbrauch und Korruption der KP Usbekistan werden veröffentlicht.

5. Februar 1989
Erstmals werden detaillierte Zahlenangaben über die Opfer des Stalin-Regimes bekanntgegeben.

12. März 1989
In der Moldawischen Republik werden Demonstrationen für die Unabhängigkeit der Republik gewaltsam aufgelöst.

26. März 1989
Bei den Wahlen zum neugeschaffenen Kongreß der Volksdeputierten erringt der Reformer Boris Jelzin einen aufsehenerregenden Sieg.

Juni 1989
Die Sowjetrepublik Usbekistan wird von gewalttätigen Auseinandersetzungen zwischen Usbeken und der Minderheit der Mescheten beherrscht.

17. Juli 1989
Der Streik der sowjetischen Bergleute greift von Westsibierien auf das Donezbecken in der Ukraine über. Michail Gorbatschow appelliert an die Arbeiter, den Streik zu beenden.

25. Juli 1989
Nachdem die Regierung den Bergarbeitern soziale Verbesserungen zusagt, zerbröckelt die Streikfront in den Kohlerevieren.

27. Juli 1989
Der Oberste Sowjet ermöglicht den baltischen Sowjetrepubliken den Weg in die wirtschaftliche Unabhängigkeit.

14. Dezember 1989
Andrej Sacharow stirbt im Alter von 68 Jahren. Das Begräbnis findet unter großer Anteilnahme der Bevölkerung statt. Auch die Staats- und Parteiführung bekundet ihren Respekt.

4. Februar 1990
Auf der größten nicht offiziellen Massenkundgebung demonstrieren in Moskau Hunderttausende für Demokratie.

7. Februar 1990
Das ZK der KPdSU gibt seinen Führungsanspruch auf. Einschneidende wirtschaftliche Reformen werden angekündigt.

Perestroika und Glasnost waren Schlagwörter und Auslöser für den Umbruch im Osten – Michail Gorbatschow hat sie geprägt (hier bei seiner historischen Rede am 2. November 1987).

Gorbatschows Perestroika kann für ihn zum Stolperstein werden. Reformer wie Boris Jelzin (im Bild rechts) und die sowjetischen Völker fordern mehr.

Wohin treibt die Sowjetunion?

Nach den ethnischen Unruhen in Usbekistan bringen im Juli 1989 die Bergarbeiterstreiks in den sowjetischen Kohlerevieren weitere Unruhe in den Vielvölkerstaat.

Die Streikwelle hat sich auf sechs Reviere ausgeweitet.
Erst nachdem der Staat soziale Verbesserungen ankündigt, fahren die Kumpel wieder ein.

1920
1939
1990
?
LENIN
STALIN
GOR
BAČI

Die Einheit der Sowjetunion ist gefährdet:
Die baltischen Staaten – allen voran Litauen – beginnen 1989,
ihr Recht auf Unabhängigkeit einzufordern.

Die baltischen Republiken

Dezember 1988/Januar 1989
Estnisch, Litauisch und Lettisch werden zur Staatssprache erhoben.

26. März 1989
Die drei baltischen Republiken schließen sich wieder der Zeitzone Finnlands an.

14. Mai 1989
Vertreter der Volksfront-Bewegungen beschließen ein gemeinsames Aktionsprogramm zur Entmilitarisierung, wirtschaftlichen Unabhängigkeit und zur Schaffung eines gemeinsamen Marktes und Informationssystems der baltischen Staaten.

18. Mai 1989
Der Oberste Sowjet Litauens erklärt die staatliche Souveränität.

8. Oktober 1989
Die unabhängige Reformbewegung Lettische Volksfront setzt sich die Unabhängigkeit der Sowjetrepublik Lettland zum Ziel.

18. November 1989
Am 71. Jahrestag der unabhängigen lettischen Republik beteiligen sich eine halbe Million Menschen an einer Kundgebung in Riga.

20. Dezember 1989
Die litauischen Kommunisten beschließen mit großer Mehrheit die organisatorische Trennung von der KP der Sowjetunion.

29. Dezember 1989
Der Oberste Sowjet Lettlands streicht den Führungsanspruch der KP aus der Verfassung der lettischen Sowjetrepublik.

30. Dezember 1989
Die litauische KP läßt die Partei der Demokraten zu.

3. Januar 1990
Die Chefs der litauischen KP Algirdas Brazauskas und Wladimir Beresow halten sich zu offiziellen Gesprächen in Moskau auf.

11. Januar 1990
Gorbatschow in Wilna: Angesichts der Massenkundgebungen für staatliche Unabhängigkeit kündigt Gorbatschow eine gesetzliche Regelung für Austrittsbegehren von Unionsrepubliken aus der UdSSR an. Er beharrt aber auf dem verfassungsmäßigen Zusammenhalt der Sowjetvölker.

Jahrestag des Hitler-Stalin-Pakts:
Nach 50 Jahren wollen die Litauer endlich ihr Recht.

Massenkundgebungen begleiten das Treffen der »Baltischen Volksbewegungen« in Tallin am 13. Mai 1989.

Eine über 600 Kilometer lange Menschenkette verbindet am Jahrestag des Hitler-Stalin-Paktes die drei baltischen Hauptstädte Tallin, Riga und Wilna.

Im Januar 1990 sucht Gorbatschow den Dialog mit den Litauern. Links hinter Gorbatschow der Führer der litauischen KP Algirdas Brazauskas.

Aserbeidschan

4. Januar 1990
Die Volksfront in Aserbeidschan bekennt sich zur Vereinigung mit den Landsleuten im Iran.

18. Januar 1990
In Baku, der Hauptstadt Aserbeidschans,wird der Generalstreik ausgerufen. Verteidigungsminister Jasow kündigt daraufhin die Teilmobilmachung der Streitkräfte an.

19. Januar 1990
Aserbeidschaner greifen armenische Ortschaften an. Gorbatschow kündigt daraufhin die Verstärkung der Streitkräfte und ein »härteres Durchgreifen« an, um die blutigen Unruhen mit bisher 66 Toten zu beenden.

20. Januar 1990
Sowjetische Truppen marschieren in der aserbeidschanischen Republikhauptstadt Baku ein.

24. Januar 1990
Das Militär beendet mit Waffengewalt die Seeblockade des Hafens von Baku. Sowjetische Truppen versuchen durch Massenfestnahmen den Widerstand der Aserbeidschaner gegen das Ausnahmerecht zu brechen, doch der Generalstreik gegen die Truppenpräsenz wird fortgesetzt.

26. Januar 1990
Seit dem 20. Januar sind nach Angaben des Moskauer Innenministeriums mindestens 99 Menschen getötet worden. Die aserbeidschanische Volksfront spricht von weit über tausend Toten.

Aserbeidschaner aus dem Iran und der Sowjetunion stehen sich Anfang 1990 am Grenzfluß gegenüber. Sie fordern »einen« islamischen Staat und die Unabhängigkeit von Moskau.

Der Konflikt zwischen Armeniern und Aserbeidschanern, zwischen den Anhängern Gottes und Allahs ist bereits 1988 nicht mehr zu vertuschen.

Die blutigen Unruhen in den südlichen sowjetischen Republiken nehmen kein Ende. Das Militär greift ein.

Der Konflikt bringt Verhaftungen, Gewalt, Tod und Leid.

Polen

Die Solidarität war der Anfang

Juli/August 1980
Preissteigerung und Lebensmittelknappheit lösen eine breite Streikbewegung aus. Die unabhängige Gewerkschaft Solidarität bildet sich unter Führung Lech Walesas.

13. Dezember 1981
General Jaruzelski übernimmt die Regierungsgewalt, verhängt das Kriegsrecht über Polen und verbietet die Aktivitäten der Solidarität. 6000 Gewerkschaftsmitglieder, unter ihnen Lech Walesa, werden verhaftet.

28. Juni 1982
Das Kriegsrecht wird von der Regierung lockerer gehandhabt.

8. Oktober 1982
Das Verbot der Solidarität wird offiziell bestätigt.

5. Oktober 1983
Lech Walesa wird der Friedensnobelpreis zuerkannt.

August 1988
Streiks lähmen die ohnehin marode Wirtschaft Polens. Die kommunistische Regierung wird zu immer mehr Zugeständnissen gezwungen.

16. Januar 1989
Unter dem Druck von Kirche und Bevölkerung läßt das ZK in Warschau die Gewerkschaft Solidarität zu. Diese Regelung soll aber nur für zwei Jahre gelten.

6. Februar 1989
Die seit August 1988 geplanten Gespräche am Runden Tisch werden aufgenommen. Oppositionsführer wird Lech Walesa.

17. April 1989
Die Gewerkschaft Solidarität wird auf unbefristete Zeit zugelassen.

4. Mai 1989
Opposition und Regierung einigen sich auf einschneidende wirtschaftliche und politische Reformen.

4. Juni 1989
Die Parlamentswahlen und die Stichwahlen zwei Wochen danach enden mit einem überwältigenden Sieg der Opposition.

19. Juli 1989
General Wojciech Jaruzelski wird mit einer Stimme Mehrheit zum Staatspräsidenten gewählt.

1. August 1989
Durch die Freigabe der Lebensmittelpreise kommt es zu rapiden Preissteigerungen. Die Bevölkerung reagiert mit Streiks.

24. August 1989
Tadeusz Mazowiecki, Chefredakteur einer Oppositionszeitung, wird erster nicht-kommunistischer Regierungschef Polens seit über 40 Jahren.

30. Dezember 1989
Das Parlament in Warschau streicht den Führungsanspruch der KP aus der Verfassung und ändert den Landesnamen in »Republik Polen«.

Solid

Solidarität!

Der Arbeiterführer Lech Walesa wird 1980 zur Symbolfigur der polnischen Demokratiebewegung.

Überall in der Welt – hier im schwedischen Stockholm – findet die Gründung der unabhängigen Gewerkschaft Solidarität (Solidarność) Unterstützung.

Die Kirche bietet Schutz: Unter dem Portrait von Papst Johannes Paul II. blockieren streikende Arbeiter den Zugang zur Danziger Lenin-Werft.

Nach der Verhängung des Kriegsrechts bestimmt die »Staats-Gewalt« die Straßen von Danzig, Warschau, Kattowitz und Nowa Huta.

Doch selbst Knüppel und Wasserwerfer können den Drang nach Freiheit nicht eindämmen.

Erste Verständigungsversuche zwischen der Gewerkschaft Solidarität und Polens Regierung scheitern.

Der Mord an dem Priester Jerzy Popieluszko, der am 3. November 1984 beigesetzt wird, läßt den Volkszorn auf die kommunistische Regierung wieder aufflammen.

Die Streiks nehmen kein Ende: Oberschlesische Bergarbeiter bei der Streikwache vor dem Zechentor im August 1988.

Sieg der Solidarität: Lech Walesa freut sich über die Wahl seines engen Vertrauten Tadeusz Mazowiecki zum polnischen Regierungschef am 24. August 1989.

Mazowiecki, Jaruzelski und Walesa bei der Gedenkveranstaltung zum 50. Jahrestag des Kriegsbeginns.

Neue Kontakte: Ministerpräsident Mazowiecki trifft im November 1989 zu einem Arbeitsbesuch bei Kreml-Chef Michail Gorbatschow ein.

Nach heftigen Protesten und Diskussionen lösen die polnischen Kommunisten ihre Partei auf.

Ungarn

Vehemente Absage an den Kommunismus

23. Oktober 1956
Nach heftigen Studentenunruhen erhebt sich unter Führung des ehemaligen Ministerpräsidenten Imre Nagy das ungarische Volk gegen die kommunistischen Machthaber. Selbst das ungarische Militär schließt sich der Revolte an.

26. Oktober 1956
Sowjetische Truppen schlagen den Volksaufstand gewaltsam nieder. Imre Nagy wird verhaftet.

3. September 1988
Das Ungarische Demokratische Forum (UDF) wird offiziell gegründet.

1. Januar 1989
Umfassende wirtschaftliche Reformen treten in Kraft.

20. Februar 1989
Als erste osteuropäische Partei verzichtet die Ungarische Sozialistische Arbeiterpartei auf ihre in der Verfassung verankerte Führungsrolle.

17. März 1989
Ungarn tritt der UN-Flüchtlingskonvention bei.

12. April 1989
Das Politbüro tritt geschlossen zurück.

2. Mai 1989
Ungarn beginnt mit dem Abbau der Grenzbefestigungen.

16. Juni 1989
Die sterblichen Überreste des 1958 als Hochverräter hingerichteten Imre Nagy und seiner Mitstreiter werden offiziell neu beigesetzt. 600 000 Menschen nehmen daran teil. Die Feierlichkeiten werden als »Tag der nationalen Versöhnung« bezeichnet.

11. September 1989
Ungarn öffnet seine Grenzen für ausreisewillige DDR-Bürger.

8. Oktober 1989
Zum ersten Mal in der Geschichte des Kommunismus löst sich eine Partei selbst auf. Die Ungarische Sozialistische Arbeiterpartei nennt sich fortan Ungarische Sozialistische Partei. Demokratie und freie Marktwirtschaft zählen zu den Grundsätzen der neuen Partei.

18. Oktober 1989
Die ungarische Verfassung wird geändert. Damit wird das Mehrparteiensystem, die Gewaltenteilung und das Amt des Staatspräsidenten eingeführt.

23. Oktober 1989
Der Name des Landes wird von »Volksrepublik Ungarn« in »Republik Ungarn« umgeändert.

23. Januar 1990
Ministerpräsident Miklos Nemeth gibt bekannt, daß die Sowjetunion einem völligen Abzug ihrer Truppen zugestimmt hat.

Der ungarische Aufstand unter Führung des früheren Ministerpräsidenten Imre Nagy wird 1956 von Sowjettruppen blutig niedergeschlagen.

503

Als erstes osteuropäisches Land öffnet Ungarn seine Grenzen.
Der ungarische Außenminister Gyula Horn (re.) und
sein österreichischer Kollege Alois Mock zerschneiden den
»Eisernen Vorhang«.

Durch die feierliche »Wieder-Bestattung« des Volkshelden Imre Nagy wird mit dem Eingreifen der sowjetischen Truppen 1956 und der kommunistischen Vergangenheit Ungarns abgerechnet.

Am 23. Oktober 1989 wird Ungarn unter dem Jubel von Tausenden von Menschen wieder zur Republik.

Symbol des ungarischen Aufstandes wird die Sprengung des Stalin-Denkmals in Budapest. Jugendliche hissen die ungarische Flagge auf dem zerstörten Denkmal.

Volksrepublik – Republik: Die offizielle Umwandlung Ungarns in ein Land mit demokratischer Verfassung erfolgt genau an dem Tag, an dem sich vor 33 Jahren das Volk gegen das kommunistische Regime erhob.

Das Ende der ungeliebten Machthaber: Der ungarische Ministerpräsident Miklos Nemeth verkündet am 23. Januar 1990 den vollständigen Abzug der sowjetischen Truppen aus Ungarn.

DDR

»Wir sind das Volk« und »Deutschland einig Vaterland«

8. August 1989
Die Ständige Vertretung der Bundesrepublik in Ost-Berlin wird wegen des Ansturms der Ausreisewilligen geschlossen. Es folgen die BRD-Botschaften in Budapest und Prag.

24. August 1989
Die DDR-Bürger in der Budapester Botschaft dürfen ausreisen.

18. September 1989
Die Oppositionsgruppe Neues Forum beantragt die Zulassung als politische Vereinigung.

30. September 1989
Die DDR-Bürger in der Prager Botschaft dürfen ausreisen.

7. Oktober 1989
Demonstrationen anläßlich des 40. Jahrestages der DDR werden gewaltsam aufgelöst.

18. Oktober 1989
Erich Honecker tritt nach 18jähriger Amtszeit zurück. Sein Nachfolger in der Partei und sechs Tage später auch in der Regierung wird Egon Krenz.

7. November 1989
Die Regierung unter Willi Stoph und einen Tag später auch das Politbüro der SED tritt geschlossen zurück.

9. November 1989
Der »Tag der Deutschen«: Die Grenzen werden geöffnet.

13. November 1989
Hans Modrow wird Ministerpräsident.

1. Dezember 1989
Der Führungsanspruch der SED wird aus der Verfassung gestrichen.

3. Dezember 1989
Politbüro und Zentralkomitee treten zurück.

6. Dezember 1989
Krenz tritt als Staatsratsvorsitzender zurück, sein Nachfolger wird Manfred Gerlach.

7. Dezember 1989
Sieben Oppositionsgruppen und die fünf ehemaligen Blockparteien treffen sich am Runden Tisch. Sie lösen das Amt für nationale Sicherheit auf. Der Termin für die Neuwahlen wird auf den 6. Mai festgesetzt, später auf den 18. März vorverlegt.

1. Februar 1990
DDR-Regierungschef Modrow schlägt einen Stufenplan zur Wiedervereinigung vor.

6. Februar 1990
Bundeskanzler Kohl kündigt eine sofortige Wirtschafts- und Währungsunion mit der DDR an.

13. Februar 1990
Die DDR-Regierung trifft sich mit der Bundesregierung in Bonn. Sie besprechen die weitere Vorgehensweise bei der Vereinigung beider deutscher Staaten.

Der Massenexodus beginnt: Rund 900 DDR-Bürger nutzen das »Europa-Treffen« an der ungarischen Grenze am 19. August 1989 zur Flucht nach Österreich.

Kleine Veränderung mit großer Wirkung.

Hunderte DDR-Bürger warten in der deutschen Botschaft von Prag, auf ihre Ausreise.

Endlich im Westen: DDR-Bürger jubeln bei der Überquerung der Grenze.

Der Anfang vom Ende: Die offizielle Militärparade zum
40. Jahrestag der DDR am 7. Oktober 1989.

Montagsprotest: Den Willen nach Freiheit und Demokratie bringen am 9. Oktober über 70 000 Menschen in Leipzig zum Ausdruck.

Märchenhafter Protest: Über eine halbe Million Menschen erinnern in der ersten genehmigten Protestdemonstration

in Ost-Berlin die Politiker daran, daß das Volk einen eigenen Willen hat und den Mächtigen skeptisch gegenübersteht.

Der Tag der Deutschen: Am 9. November 1989 feiert ganz Berlin in einem Freudentaumel die Öffnung der Grenzen. Die Mauer

ist nicht mehr länger Symbol des Schreckens. Der Tanz auf der Mauer wird zum Sinnbild der neugewonnenen Freiheit.

Am 22. Dezember 1989 wird das Brandenburger Tor – Symbol der deutschen Teilung – geöffnet. Noch offen ist aber die Zukunft der beiden deutschen Staaten.

Diskussion am »Runden Tisch« über die Zukunft der DDR:
Hier (v.l.) der Dresdener Bürgermeister Wolfgang Berghofer,
Gregor Gysi (PDS) und Wolfgang Schnur (DA).

Immer lauter werden bei den Demonstrationen die
Rufe nach der Wiedervereinigung beider deutscher Staaten.
Die DDR-Bevölkerung ist in zwei Lager gespalten.

Bulgarien

Minderheiten und das Ende des Kommunismus

11. Februar 1989
In Plovdiv wird die erste unabhängige Gewerkschaft von Künstlern und Intellektuellen gegründet.

10. Mai 1989
Das Parlament billigt Erleichterungen bei Auslandsreisen.

20. Mai 1989
Es kommt zu schweren Unruhen in den von türkischen Minderheiten bewohnten Gebieten.

18. November 1989
In Sofia findet mit über 100 000 Teilnehmern die bislang größte Kundgebung oppositioneller Kräfte im kommunistischen Bulgarien statt. Die Demonstranten fordern freie Wahlen.

13. Dezember 1989
Die bulgarischen Kommunisten geben ihren Führungsanspruch auf. Der entmachtete Staats- und Parteichef Todor Schiwkoff wird mit anderen Führungsmitgliedern aus der KP ausgeschlossen. Petar Mladenoff wird neuer Staats- und Parteichef.

28. Dezember 1989
Das Politbüro der bulgarischen KP erklärt sich zu Gesprächen mit der Opposition bereit.

30. Dezember 1989
Das ZK distanziert sich von früheren Bestrebungen, religiöse und ethnische Minderheiten zu unterdrücken und ist bereit, über eine Koalitionsregierung auf breiter Basis zu verhandeln.

2. Januar 1990
10 000 Bulgaren demonstrieren in Kurdschali gegen die Gewährung religiöser Rechte für Minderheiten.

3. Januar 1990
Erste Gespräche am Runden Tisch: Die Union der Demokratischen Kräfte (UDF) erteilt den ehemaligen KP-Mitgliedern eine eindeutige Absage. Sie wolle keine Koalition mit »bereits diskreditierten totalitären Strukturen«.

15. Januar 1990
Das bulgarische Parlament streicht den Führungsanspruch der Kommunistischen Partei aus der Verfassung.

18. Januar 1990
Gegen den ehemaligen bulgarischen Staats- und Parteichef Schiwkoff wird Haftbefehl erlassen.

Nachdem Staats- und Parteichef Todor Schiwkoff am 29. Mai 1989 die Türkei aufgefordert hat, allen bulgarischen Moslems Asyl zu gewähren, verlassen bis Ende August 300 000 Bulgaro-Türken fluchtartig Bulgarien.

Auf dem Newski-Platz in Sofia demonstrieren am 18. November 1989 100 000 Bulgaren für freie Wahlen und Demokratie.

Todor Schiwkoff war bis zu seiner Ablösung am 10. November 1989 über 20 Jahre Chef der Kommunistischen Partei Bulgariens.

ČSSR

Gelungene Neuauflage des »Prager Frühlings«

6. April 1968
Unter der Führung Alexander Dubčeks übernehmen Reformpolitiker die Regierung in der ČSSR.

21. August 1968
Truppen des Warschauer Paktes marschieren in der ČSSR ein. Der sogenannte »Prager Frühling« wird gewaltsam niedergeschlagen.

21. Februar 1989
Der Bürgerrechtler und Schriftsteller Václac Havel wird wegen Rowdytums zu neun Monaten Haft verurteilt.

8. Juni 1989
Václac Havel, der Mitte Mai auf Bewährung entlassen wurde, erhält den Friedenspreis des Deutschen Buchhandels.

21. August 1989
Am 21. Jahrestag der Niederschlagung des »Prager Frühlings« demonstrieren trotz Verbots 3000 Menschen in Prag. Die Polizei greift mit Gewalt ein und verhaftet 370 Demonstranten.

20. November 1989
250 000 Demonstranten gehen in Prag für demokratische Reformen und den Verzicht des Machtmonopols der KP auf die Straße.

21. November 1989
Erneut demonstrieren Hunderttausende in Prag. Ministerpräsident Ladislav Adamec bietet der Opposition den Dialog an.

24. November 1989
Dubček und Havel sprechen zu einer halben Million Demonstranten auf dem Prager Wenzels-Platz. Parteichef Miloš Jakeš und das ganze ZK-Sekretariat tritt zurück. Neuer Parteichef wird Karel Urbanek.

27. November 1989
Im ganzen Land wird der Generalstreik ausgerufen. Fast die gesamte Bevölkerung hält sich daran. Die Wirtschaft der ČSSR ist lahmgelegt.

29. November 1989
Der Führungsanspruch der KP wird aus der Verfassung gestrichen.

7. Dezember 1989
Die eben noch neu gebildete Regierung Adamec tritt geschlossen zurück.

10. Dezember 1989
Staatschef Husák vereidigt die Koalitionsregierung des Reformkommunisten Marian Calfa und tritt zurück.

28. Dezember 1989
Alexander Dubček wird neuer Parlamentspräsident der ČSSR. Einen Tag später wird der Schriftsteller Václac Havel zum Staatspräsidenten gewählt.

Prager Frühling '68: Ein junger Mann versucht die Panzer des Warschauer Paktes aufzuhalten – vergebens. Kurze Zeit später bricht der Unbekannte im Kugelhagel zusammen.

Mit brutaler Waffengewalt brechen die Truppen des Warschauer Paktes 1968 den passiven Widerstand der tschechoslowakischen Bevölkerung.

Neue Gewalt: Sicherheitskräfte zerschlagen eine Massendemonstration in Prag am 28. Oktober 1989. Zahlreiche Demonstranten werden verletzt und festgenommen.

Noch glaubt die kommunistische Führung, den Protest der Bevölkerung mit Gewalt unterdrücken zu können.

Svoboda heißt Freiheit: Ohne Gewalt demontiert die tschechoslowakische Bevölkerung im Winter 1989 den Kommunismus.

Der Prager Wenzelsplatz ist 1989 ebenso wie vor 21 Jahren
das Zentrum des Protestes.

Hier demonstrieren am 23. November 1989 mehr als 200 000 Menschen für Freiheit und Demokratie.

Später Sieg: Die Rede Alexander Dubčeks, Leitfigur des Prager Frühlings, steht im Mittelpunkt der Demonstration vom 24. November 1989 in Prag.

Mit dem Schriftsteller und Bürgerrechtler Václav Havel wird erstmals ein Mann Staatspräsident der Tschechoslowakei, der die Unterstützung des Volkes besitzt.

Rumänien

Der hohe Preis der Freiheit

20. November 1989
Rumäniens Staats- und Parteichef Nicolae Ceaușescu eröffnet in Bukarest den Parteitag der Kommunisten mit der erwarteten Absage an jegliche Reformen. Er wird einstimmig in seinem Amt bestätigt.

17. Dezember 1989
In der Stadt Temesvar brechen Unruhen aus. Anlaß ist die versuchte Deportation eines regimekritischen Pfarrers. Die Sicherheitskräfte gehen mit brutaler Härte gegen die Bevölkerung vor.

20. Dezember 1989
Der Aufruhr in Rumänien weitet sich aus. Ceaușescu verhängt den Ausnahmezustand über den westlichen Bezirk Timis, in dem die Stadt Temesvar liegt. Dort soll es bei der Niederschlagung der Massenproteste Tausende von Toten gegeben haben. Inzwischen werden auch aus anderen Städten Streiks und Demonstrationen gemeldet.

21. Dezember 1989
Auf einer inszenierten Großkundgebung des Regimes werden während einer Ansprache des Diktators Ceaușescu Proteste laut. Schreie und Schüsse sind zu hören.

22. Dezember 1989
Der Diktator Ceaușescu wird gestürzt und einen Tag später zusammen mit seiner Frau Elena verhaftet.

Die Front zur Nationalen Rettung übernimmt die Leitung des Volksaufstandes. Die Geheimpolizei Securitate wehrt sich erbittert.

25. Dezember 1989
Der gestürzte Diktator Ceaușescu und seine Frau Elena werden von einem Militärtribunal zum Tode verurteilt und erschossen.

26. Dezember 1989
Unter Präsident Ion Iliescu wird eine neue Führung gebildet.

27. Dezember 1989
Der Führungsanspruch der KP wird aus der Verfassung gestrichen, der Landesname von »Sozialistische Republik Rumänien« in »Rumänien« umgeändert.

1. Januar 1990
Staatspräsident Ion Iliescu gibt die Abschaffung der Todesstrafe und die endgültige Auflösung der Securitate bekannt.

Conducator, Titan der Titanen, Herrscher von eigenen Gnaden: Ceaușescu hielt mit Präsidentenzepter und der ihm ergebenen Geheimpolizei 24 Jahre lang das rumänische Volk in Schach.

Allianz von Volk und Militär: In einem mutigen Aufstand beendet das rumänische Volk im Dezember 1989 die Schreckensherrschaft Ceaușescus.

Die gefürchtete Geheimpolizei Securitate wird zerschlagen.

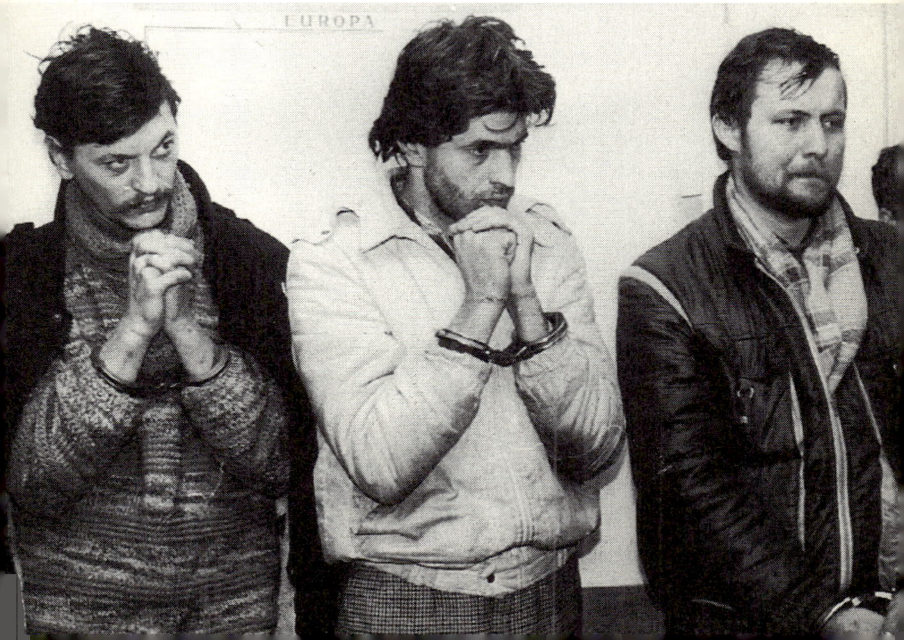

Ein ehemaliger Kinderspielplatz als Massengrab: Wieviel Opfer das Ceaușescu-Regime forderte, wird wohl nie ans Tageslicht kommen.

Grenzenlose Trauer: Das Fundament eines geplanten Denkmals für den gestürzten Diktator wird zur Klagemauer Bukarests.

Jubel: Das Terrorregime ist ausgelöscht.

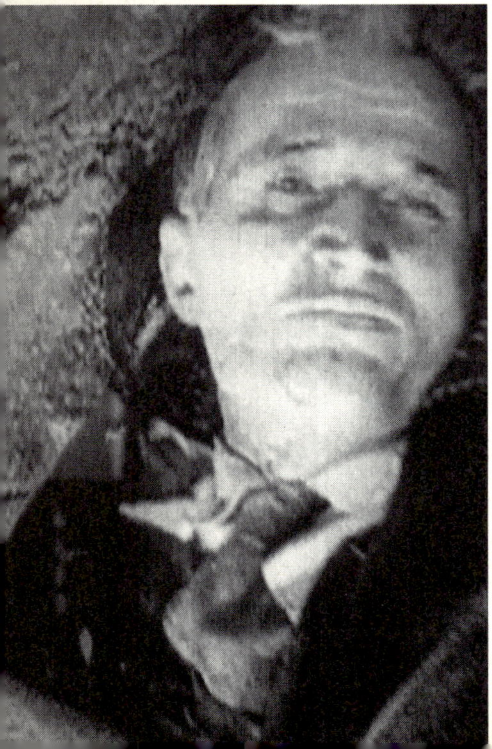

Ohne Reue für ihre
Greueltaten zu zeigen,
gehen Ceaușescu
und seine Frau in den Tod.

Der Weg Rumäniens in die neu gewonnene Freiheit bleibt dennoch steinig. Die Bevölkerung Rumäniens ist Anfang 1990 gespalten: Pro oder Contra die Front zur Nationalen Rettung?

Jugoslawien und Albanien

Titos Erbe vor dem Zerfall

17. November 1988
Der Nationalitätenkonflikt zwischen Albanern und Serben verschärft sich in der Republik Kosovo.

27. Februar 1989
Mehrere Politiker der Provinz Kosovo beugen sich dem Druck streikender Bergarbeiter und treten zurück. Serbien verschärft den Druck auf die albanische Bevölkerungsmehrheit und verhängt den Ausnahmezustand über Kosovo. Kosovo bleibt in der Folge praktisch von der Außenwelt abgeschnitten.

3. März 1989
Nach den Unruhen in der jugoslawischen Provinz Kosovo beginnt eine Verhaftungswelle gegen albanische Oppositionspolitiker.

23. März 1989
In der jugoslawischen Provinz Kosovo werden Verfassungsänderungen zugunsten Serbiens vorgenommen. Blutige Unruhen unter der albanischen Bevölkerungsmehrheit fordern Tote und Verletzte.

29. Dezember 1989
Der albanische Botschafter in Paris äußert die Überzeugung, Albanien sei von der »Krise in der sozialistischen Gemeinschaft« nicht betroffen. Damit widerspricht er Exil-Albanern, die erklärt hatten, in Albanien sei die Lage schlimmer als im Rumänien Ceaușescus.

1. Januar 1990
In Jugoslawien wird der Dinar durch eine Währungsreform im Verhältnis von 1 zu 10000 abgewertet. Dadurch wird der Dinar konvertibel. Dennoch ist die wirtschaftliche Lage Jugoslawiens katastrophal. Die Inflation erreicht europäische Rekordhöhe von über 1000 Prozent.

23. Januar 1990
Der XIV. Außerordentliche Parteitag des Bundes Jugoslawischer Kommunisten (BDKJ) endet mit einem Eklat. Zwischen den

Reformvorschlägen der fortschrittlicheren Kommunisten aus Slowenien und den von Slobodan Milosevic angeführten Parteidogmatikern aus dem Süden kann kein Kompromiß erzielt werden. Aus Protest verlassen zuerst die Slowenen, dann auch die Kroaten das Treffen.

27. Januar 1990
Bei Demonstrationen in Kosovo fordern die Menschen Freiheit und Demokratie sowie das Ende der serbischen Herrschaft über die mehrheitlich von Albanern bewohnte Provinz. Sechs Albaner werden bei Auseinandersetzungen von der Miliz erschossen.

Enver Hodscha starb 1985. Er war Gründer der albanischen Kommunistischen Partei und führte das Land seit 1944 konsequent in die politische Isolation.

Seit dem Hungerstreik, mit dem im Februar 1989 Tausende von albanischstämmigen Bergarbeitern in Kosovo gegen den Rücktritt des Provinzparteichefs Azem Vlasi protestierten, kommt es in Kosovo immer wieder zu schweren Unruhen und Demonstrationen gegen die serbische Politik.

Albanische Arbeiter solidarisieren sich in Stuttgart mit ihren Landsleuten in Kosovo.

Mit Waffengewalt und Tränengas gehen jugoslawische Streitkräfte in der ersten Februarwoche 1990 gegen die demonstrierenden Albaner vor.

Letzte Bastion des Stalinismus: Während sich die Völker des Ostens vom politischen Erbe Stalins befreit haben, scheint sein Denkmal in Albanien noch auf festem Sockel zu stehen.

Heyne Sachbuch

ZWEI BÜCHER ZU EINEM THEMA,
DAS UNS ALLE BEWEGT:
DIE FRIEDLICHE REVOLUTION
IN DER DDR UND DIE ÖFFNUNG
DER GRENZEN.

Heyne-Taschenbuch
Originalausgabe
19/113

Heyne-Taschenbuch
Originalausgabe
19/114

Wilhelm Heyne Verlag München